Impressum
Verlag: BABADADA GmbH, Nedderfeld 112 , 22529 Hamburg
Geschäftsführer / Verlagsleitung: Harald Hof
Druck: Books on Demand GmbH, In de Tarpen 42, 22848 Norderstedt

Imprint
Publisher: BABADADA GmbH, Nedderfeld 112 , 22529 Hamburg, Germany
Managing Director / Publishing direction: Harald Hof
Print: Books on Demand GmbH, In de Tarpen 42, 22848 Norderstedt

skole

okul

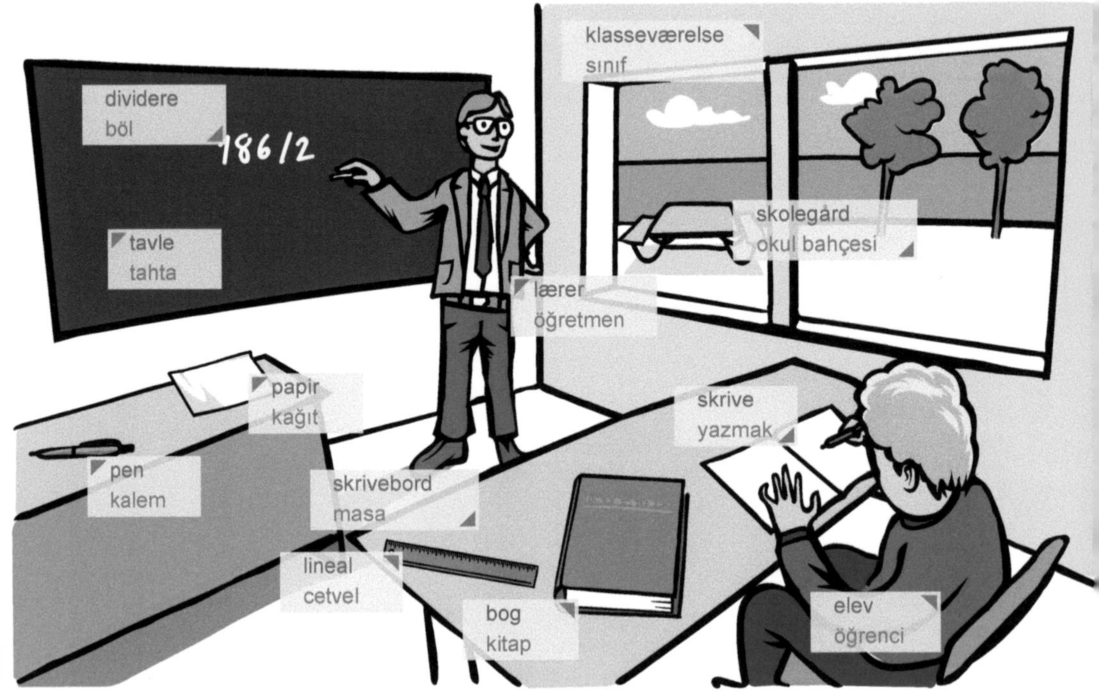
klasseværelse
sınıf
dividere
böl
186/2
tavle
tahta
skolegård
okul bahçesi
lærer
öğretmen
papir
kağıt
skrive
yazmak
pen
kalem
skrivebord
masa
lineal
cetvel
bog
kitap
elev
öğrenci

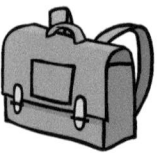

skoletaske

okul çantası

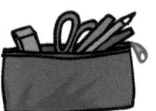

penalhus

kalemlik

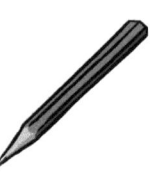

blyant

kurşun kalem

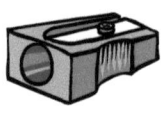

blyantspidser

kalem açacağı

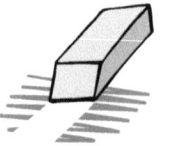

viskelæder

silgi

tegneblok

çizim defteri

tegning

çizim

pensel

resim fırçası

æske med vandfarver

boya kutusu

saks

makas

lim

tutkal

opgavehefte

alıştırma kitabı

lektie

ödev

tal

sayı

addere

ekle

subtrahere

çıkar

multiplicere

çarp

regne

hesapla

bogstav

harf

alfabet

alfabe

ord

kelime

tekst

metin

læse

okumak

kridt

tebeşir

time

ders

klasseprotokol

kayıt

eksamen

sınav

karakterbog

sertifika

skoleuniform

okul forması

uddannelse

eğitim

leksikon

ansiklopedi

universitet

üniversite

mikroskop

mikroskop

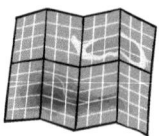

kort

harita

papirkurv

kağıt çöp kutusu

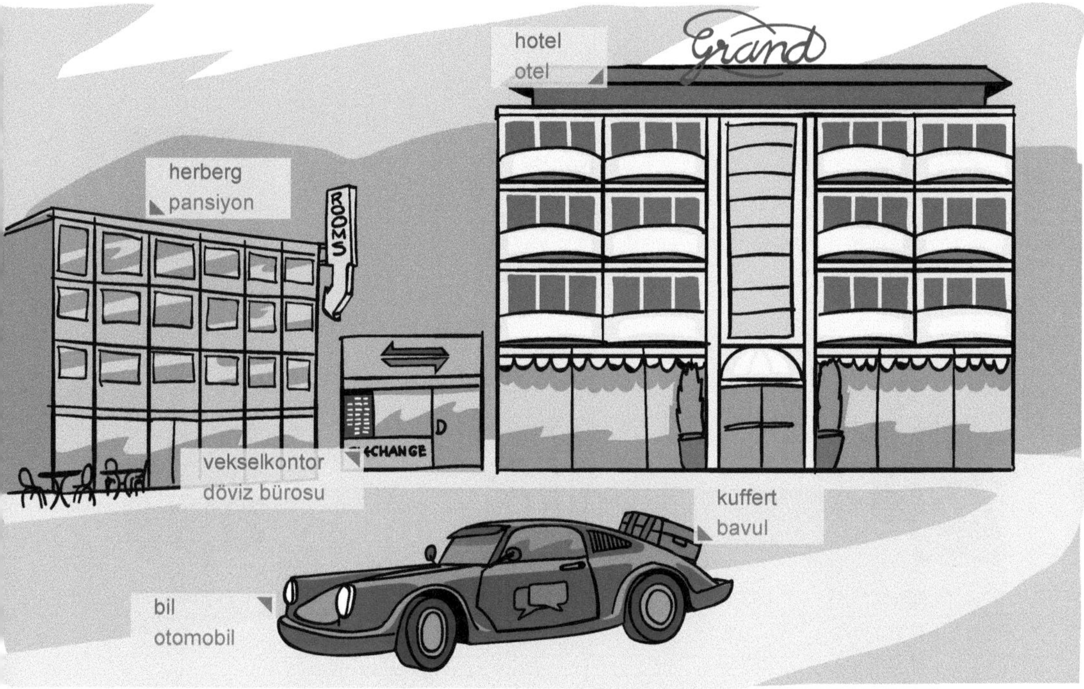

hotel
otel
Grand
herberg
pansiyon
ROOMS
vekselkontor
döviz bürosu
CHANGE
kuffert
bavul
bil
otomobil

sprog
dil

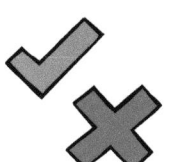

ja / nej
evet / hayır

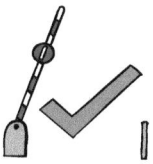

okay
Tamam

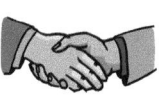

hej
merhaba

oversætter
çevirmen

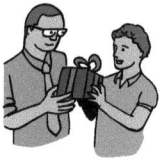

tak
Teşekkür ederim

hvad koster...?

bu ... ne kadar?

Jeg forstår ikke

anlamadım

problem

problem

God aften!

İyi akşamlar!

God morgen!

Günaydın!

God nat!

İyi geceler!

farvel

güle güle

retning

yön

bagage

bagaj

taske

çanta

rygsæk

sırt çantası

gæst

misafir

værelse

oda

sovepose

uyku tulumu

telt

çadır

turistinformation

turist danışma

strand

sahil

kreditkort

kredi kartı

morgenmad

kahvaltı

middagsmad

öğle yemeği

aftensmad

akşam yemeği

billet

Bilet

elevator

asansör

frimærke

pul

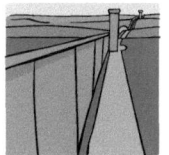

grænse

sınır

told

gümrük

ambassade

elçilik

visum

vize

pas

pasaport

transport
ulaşım

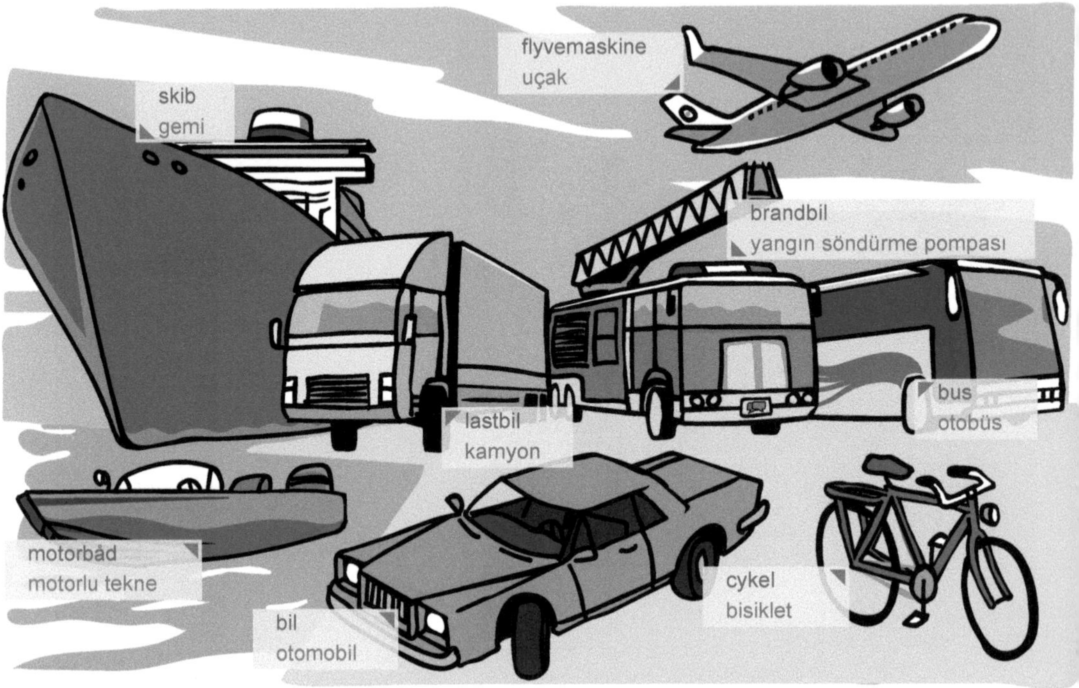
flyvemaskine
uçak
skib
gemi
brandbil
yangın söndürme pompası
bus
otobüs
lastbil
kamyon
motorbåd
motorlu tekne
cykel
bisiklet
bil
otomobil

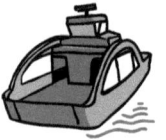

færge

feribot

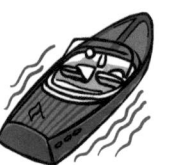

båd

bot

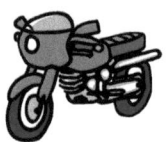

motorcykel

motosiklet

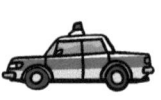

politibil

polis arabası

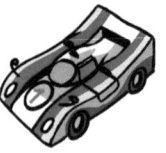

racerbil

yarış arabası

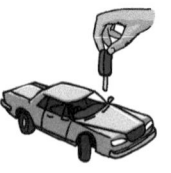

lejebil

kiralık araba

samkørsel

ortak araba

kranbil

çekici

skraldebil

çöp kamyonu

motor

motor

benzin

yakıt

tankstation

benzinlik

trafikskilt

trafik işareti

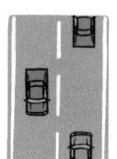

trafik

trafik

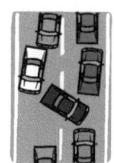

trafikprop

trafik sıkışıklığı

parkeringsplads

otopark

banegård

tren istasyonu

skinner

ray

tog

tren

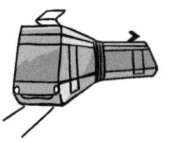

sporvogn

tramvay

wagon

vagon

transport - ulaşım

helikopter

helikopter

lufthavn

havaalanı

tårn

kule

passager

yolcu

container

konteyner

karton

koli

kærre

yük arabası

kurv

sepet

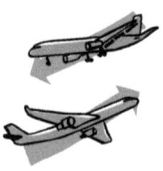

starte / lande

kalkış / iniş

by
şehir

landsby

köy

bymidte

şehir merkezi

hus

ev

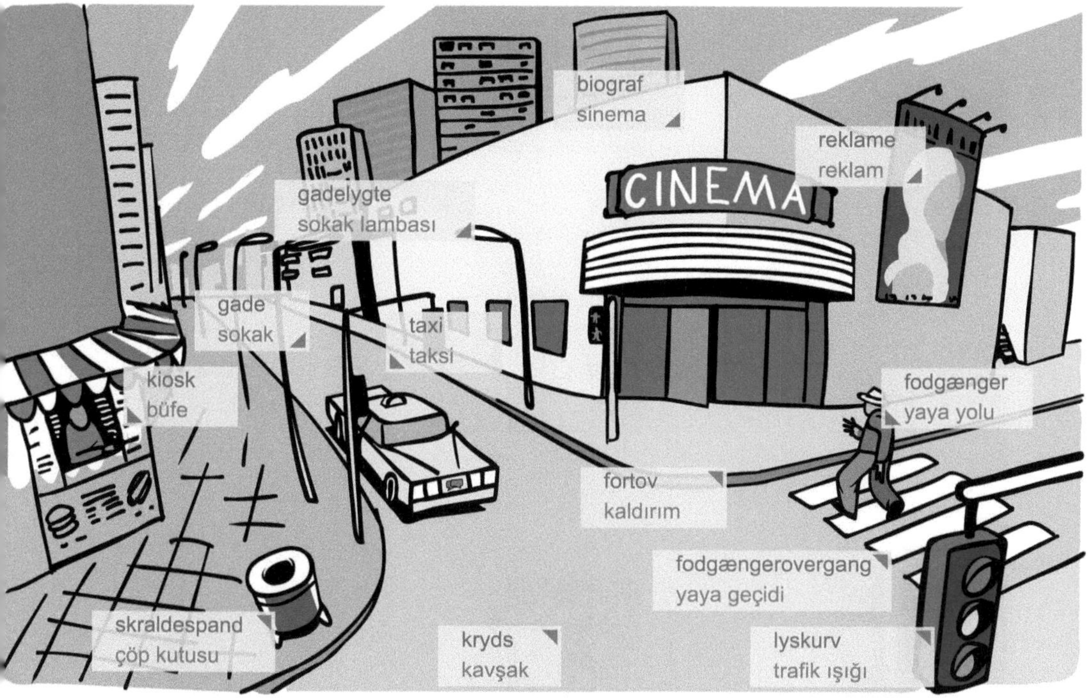

biograf
sinema

reklame
reklam

gadelygte
sokak lambası

gade
sokak

taxi
taksi

kiosk
büfe

fodgænger
yaya yolu

fortov
kaldırım

fodgængerovergang
yaya geçidi

skraldespand
çöp kutusu

kryds
kavşak

lyskurv
trafik ışığı

CINEMA

hytte

kulübe

lejlighed

apartman dairesi

banegård

tren istasyonu

rådhus

belediye binası

museum

müze

skole

okul

universitet

üniversite

bank

banka

sygehus

hastane

hotel

otel

apotek

eczane

kontor

ofis

boghandel

kitapçı

butik

mağaza

blomsterbutik

çiçekçi

supermarked

süpermarket

marked

market

stormagasin

büyük mağaza

fiskehandler

balık satıcısı

butikscenter

alışveriş merkezi

havn

liman

park

park

bænk

bank

bro

köprü

trappe

merdiven

undergrundsbane

metro

tunnel

tünel

busstoppested

otobüs durağı

barnevogn

bar

restaurant

restoran

postkasse

posta kutusu

vejskilt

sokak tabelası

parkometer

otopark sayacı

zoo

hayvanat bahçesi

badeanstalt

yüzme havuzu

moske

cami

bondegård
çiftlik

miljøforurening
kirlilik

kirkegård
mezarlık

kirke
kilise

legeplads
oyun alanı

tempel
tapınak

landskab
arazi

blad
yaprak

vejviser
yön tabelası

vej
yol

eng
çayır

sten
taş

vandrer
yürüyüşçü

træ
ağaç

flod
ırmak

græs
çimen

blomst
çiçek

dal
vadi

bjerg
tepe

sø
göl

skov
orman

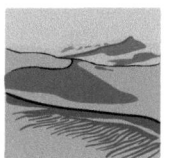

ørken
çöl

vulkan
volkan

slot
kale

regnbue
gökkuşağı

svamp
mantar

palme
palmiye

moskito
sivrisinek

flue
sinek

myre
karınca

bi
arı

edderkop
örümcek

bille
böcek

frø
kurbağa

egern
sincap

pindsvin
kirpi

hare
yabani tavşan

ugle
baykuş

fugl
kuş

svane
kuğu

vildsvin
yaban domuzu

hjort
geyik

elg
geyik

dæmning
baraj

vindmølle
rüzgar türbini

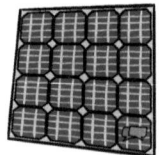

solcellemodul
güneş paneli

klima
iklim

restaurant
restoran

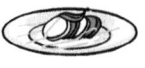

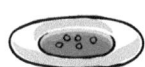

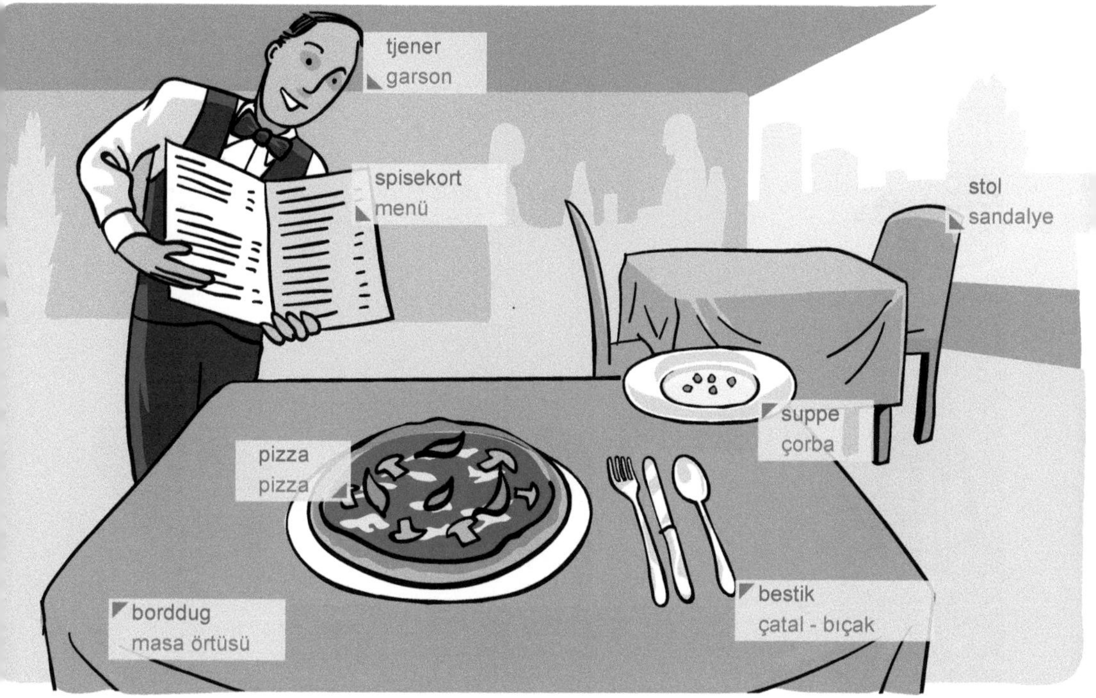
tjener
garson
spisekort
menü
stol
sandalye
suppe
çorba
pizza
pizza
borddug
masa örtüsü
bestik
çatal - bıçak

forret

başlangıç

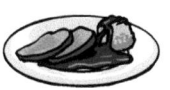

hovedret

ana yemek

dessert

tatlı

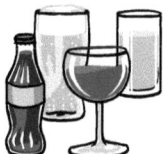

drikkevarer

içecekler

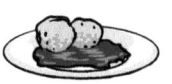

mad

yemek

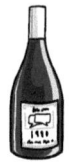

flaske

şişe

fastfood

fastfood

streetfood

sokak yemeği

tekande

çaydanlık

sukkerdåse

şekerlik

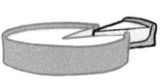

portion

porsiyon

espressomaskine

espresso makinesi

barnestol

mama sandalyesi

faktura

fatura

tablet

tepsi

kniv

bıçak

gaffel

çatal

ske

kaşık

teske

çay kaşığı

serviet

servis peçetesi

glas

bardak

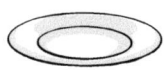

tallerken

tabak

dyb tallerken

çorba kasesi

underkop

fincan altlığı

sovs

sos

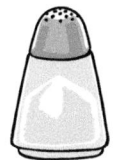

saltbøsse

tuzluk

peberkværn

karabiber değirmeni

eddike

sirke

olie

yağ

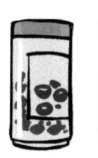

krydderier

baharat

ketchup

ketçap

sennep

hardal

mayonnaise

mayonez

supermarked
süpermarket

tilbud
özel teklif

kunde
müşteri

mælkeprodukter
süt ürünleri

frugt
meyve

indkøbsvogn
alışveriş arabası

slagter
kasap

bageri
fırın

veje
tartmak

grøntsager
sebze

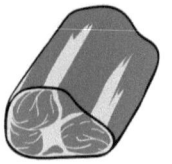

kød
et

frostvarer
donmuş gıda

20   supermarked - süpermarket

pålæg

söğüş et

konserves

konserve yiyecek

vaskemiddel

toz deterjan

slik

şekerlemeler

husholdningsvarer

ev temizlik ürünleri

rengøringsmidler

temizlik ürünleri

ekspedient

satış görevlisi

kasse

yazar kasa

kasserer

kasiyer

indkøbsliste

alışveriş listesi

åbningstider

açılış saatleri

tegnebog

cüzdan

kreditkort

kredi kartı

taske

çanta

plasticpose

plastik poşet

vand

su

saft

meyve suyu

mælk

süt

cola

kola

vin

şarap

øl

bira

alkohol

alkol

kakao

kakao

te

çay

kaffe

kahve

espresso

espresso

cappuccino

kapuçino

banan

muz

æble

elma

appelsin

portakal

melon

kavun

citron

limon

gulerod

havuç

hvidløg

sarımsak

bambus

bambu

løg

soğan

svamp

mantar

nødder

çerez

nudler

makarna

spaghetti

spagetti

ris

pirinç

salat

salata

pomfritter

cips

stegte kartofler

patates kızartması

pizza

pizza

hamburger

hamburger

sandwich

sandviç

schnitzel

şinitzel

skinke

pastırma

salami

salam

pølse

sosis

kylling

tavuk

steg

rosto

fisk

balık

havregryn

yulaf ezmesi

mysli

müsli

cornflakes

mısır gevreği

mel

un

croissant

kruvasan

rundstykke

küçük ekmek

brød

ekmek

toast

tost

kiks

bisküvi

smør

tereyağı

kvark

kaymak

kage

kek

æg

yumurta

spejlæg

sahanda yumurta

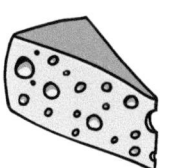

ost

peynir

mad - yemek

is
....
dondurma

sukker
....
şeker

honning
....
bal

marmelade
....
reçel

nougat-creme
....
fındık ezmesi

karry
....
köri

bondegård
çiftlik

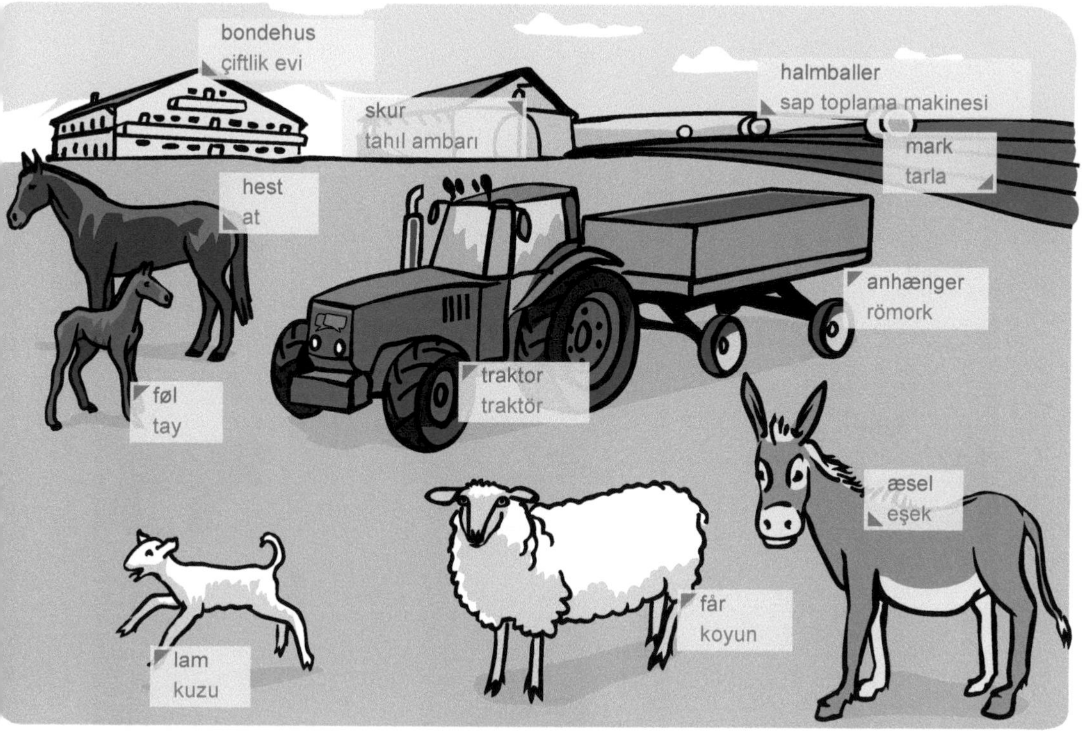
bondehus
çiftlik evi
skur
tahıl ambarı
halmballer
sap toplama makinesi
mark
tarla
hest
at
anhænger
römork
føl
tay
traktor
traktör
æsel
eşek
får
koyun
lam
kuzu

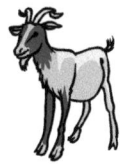

ged
keçi

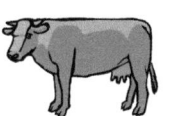

ko
inek

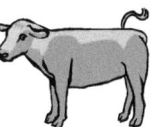

kalv
buzağı

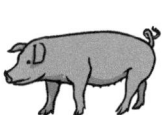

svin
domuz

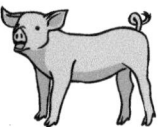

gris
domuz yavrusu

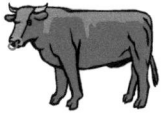

tyr
boğa

gås

kaz

and

ördek

kylling

civciv

høne

tavuk

hane

horoz

rotte

sıçan

kat

kedi

mus

fare

okse

öküz

hund

köpek

hundehus

köpek kulübesi

haveslange

bahçe hortumu

vandkande

sulama kabı

le

tırpan

plov

pulluk

segl
orak

hakkejern
çapa

møggreb
dirgen

økse
balta

trillebør
el arabası

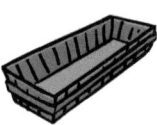

trug
yemlik

mælkekande
süt kovası

sæk
çuval

hæk
çit

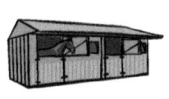

stald
ahır

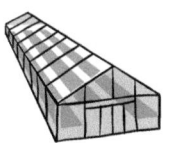

drivhus
sera

jord
toprak

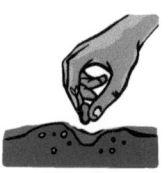

frø
tohum

gødning
gübre

mejetærsker
biçerdöver

høste
hasat etmek

høst
harman

yams
tatlı patates

hvede
buğday

soja
soya

kartoffel
patates

majs
mısır

raps
kolza

frugttræ
meyve ağacı

maniok
manyok

korn
hububat

skorsten
baca

tag
çatı

tagrende
yağmur oluğu

vindue
pencere

garage
garaj

dørklokke
kapı zili

dør
kapı

skraldespand
çöp kutusu

postkasse
posta kutusu

have
bahçe

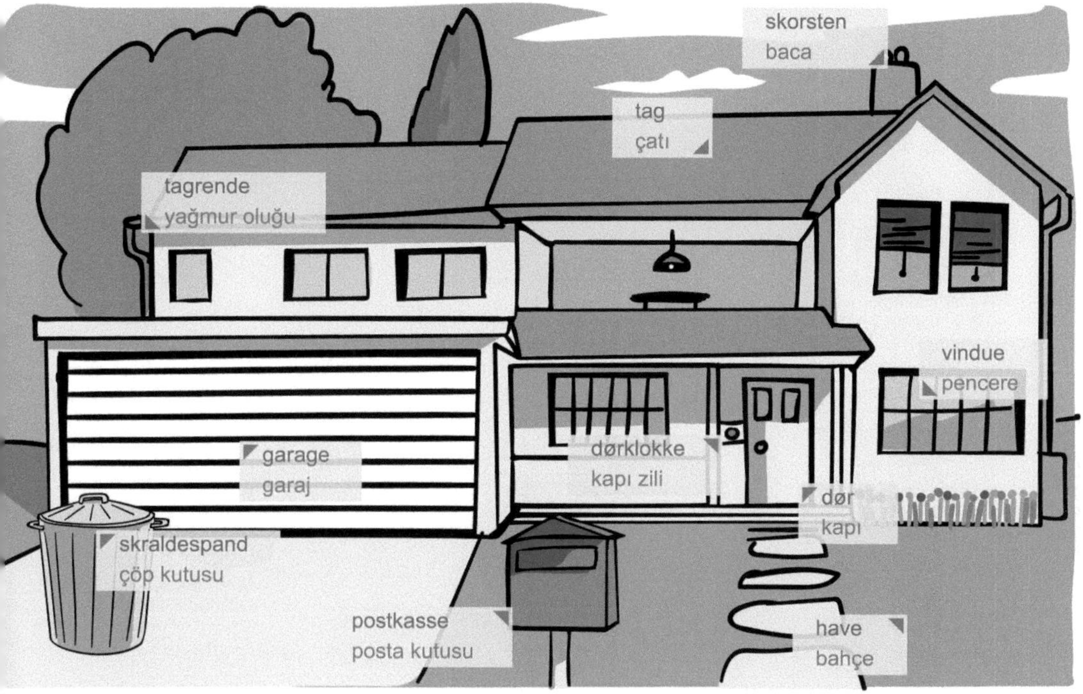

stue

oturma odası

badeværelse

banyo

køkken

mutfak

soveværelse

yatak odası

børneværelse

çocuk odası

spisestue

yemek odası

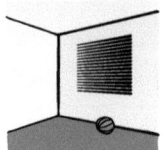

gulv

zemin

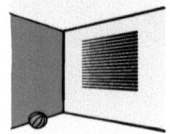

væg

duvar

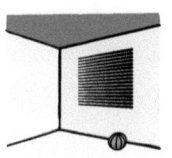

loft

tavan

kælder

kiler

sauna

sauna

altan

balkon

terrasse

teras

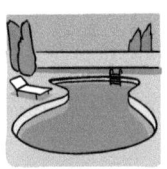

svømmehal

havuz

plæneklipper

çim biçme makinesi

dynebetræk

çarşaf

dyne

yatak örtüsü

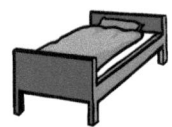

seng

yatak

kost

süpürge

spand

kova

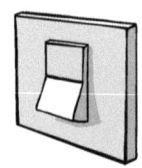

kontakt

anahtar

stue
oturma odası

tapet
duvar kağıdı
billede
resim
lampe
lamba
reol
raf
skab
dolap
fjernsyn
televizyon
pejs
şömine
blomst
çiçek
pude
minder
sofa
kanepe
vase
vazo
fjernbetjening
uzaktan kumanda

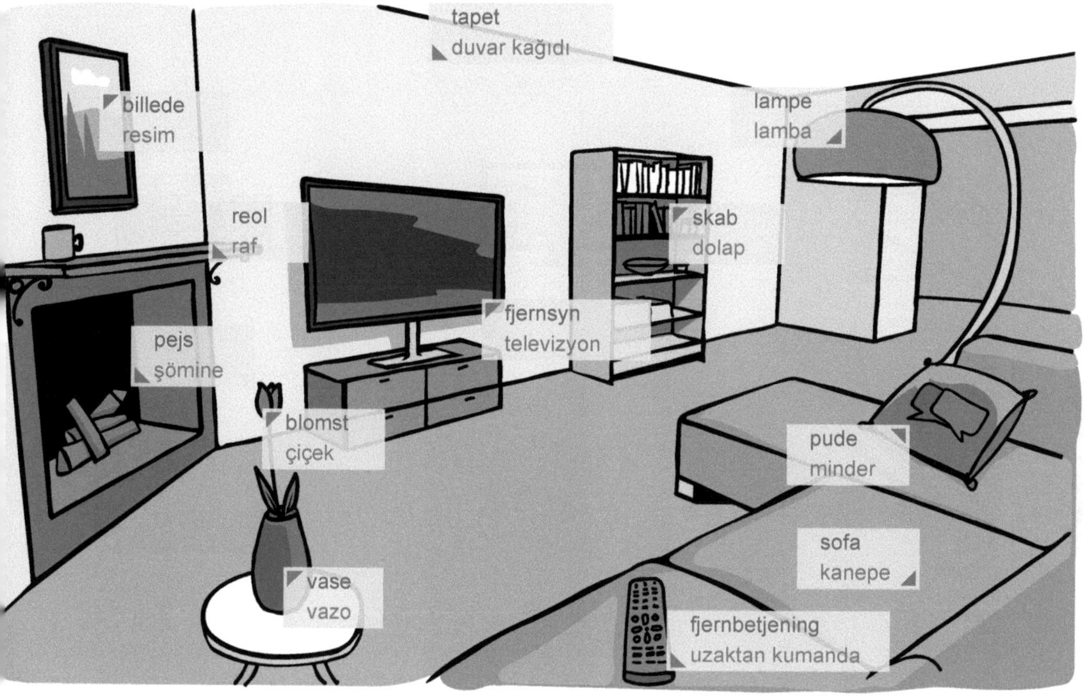

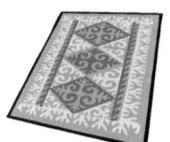

gulvtæppe
halı

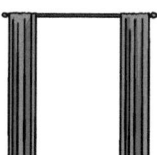

gardin
perde

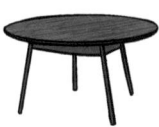

bord
masa

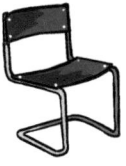

stol
sandalye

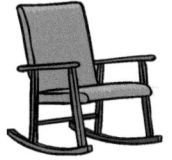

gyngestol
salıncaklı koltuk

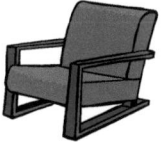

lænestol
koltuk

bog
kitap

tæppe
battaniye

dekoration
dekor

brænde
odun

film
film

stereoanlæg
hi-fi

nøgle
anahtar

avis
gazete

maleri
tablo

plakat
poster

radio
radyo

notesblok
defter

støvsuger
elektrikli süpürge

kaktus
kaktüs

lys
mum

køkken
mutfak

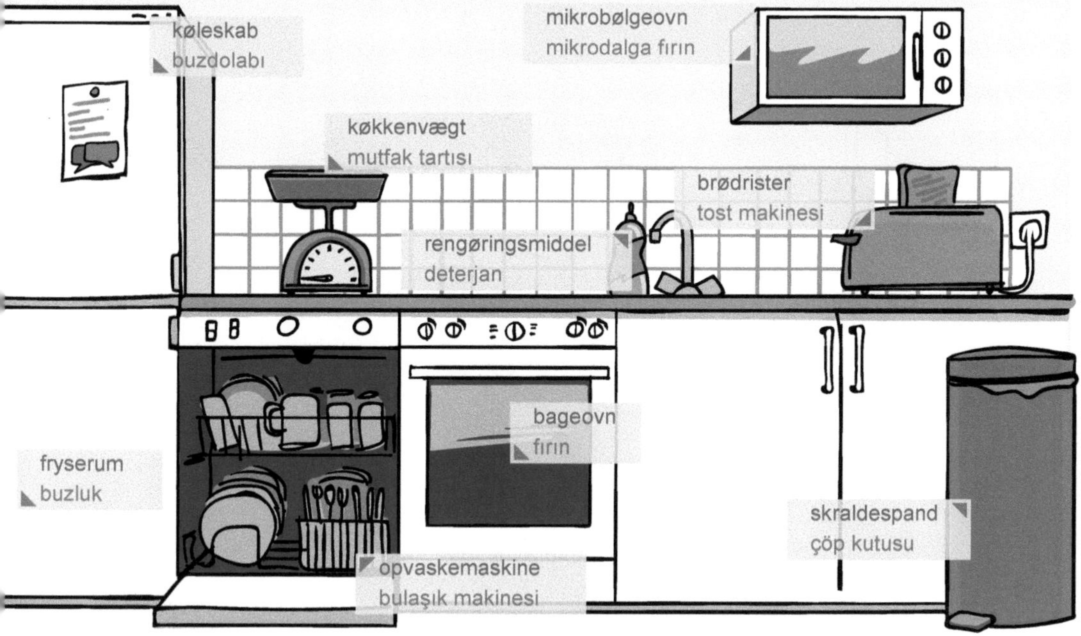
køleskab
buzdolabı
mikrobølgeovn
mikrodalga fırın
køkkenvægt
mutfak tartısı
brødrister
tost makinesi
rengøringsmiddel
deterjan
bageovn
fırın
fryserum
buzluk
skraldespand
çöp kutusu
opvaskemaskine
bulaşık makinesi

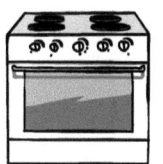

komfur

ocak

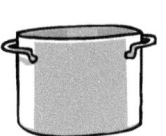

gryde

tencere

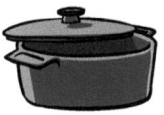

jerngryde

döküm tencere

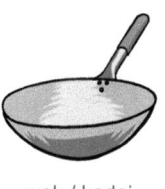

wok / kadai

wok

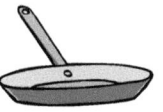

pande

tava

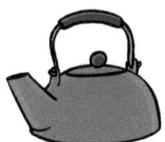

elkedel

su ısıtıcı

dampkoger

buharlı pişirici

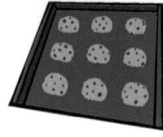

bageplade

pişirme tepsisi

service

tabak takımı

bæger

kupa

skål

kase

spisepinde

çubuk (çin yemeği)

øseske

kepçe

paletkniv

spatula

piskeris

çırpma teli

dørslag

süzgeç

si

elek

rive

rende

morter

havan

grille

barbekü

ildsted

açık ateş

skærebræt

kesme tahtası

kagerulle

merdane

proptrækker

tirbüşon

dåse

konserve kutusu

dåseåbner

konserve açacağı

grydelap

fırın eldiveni

køkkenvask

evye

børste

fırça

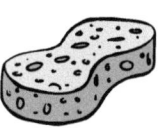

svamp

sünger

blender

blender

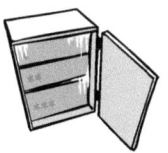

dybfryser

derin dondurucu

sutteflaske

biberon

vandhane

musluk

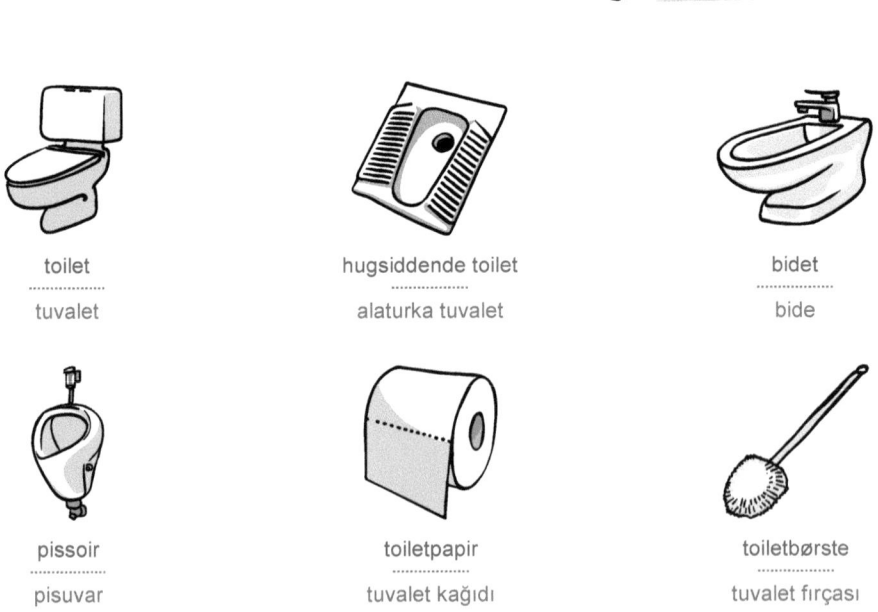

badeværelse

banyo

radiator
ısıtma
håndklæde
havlu
brusebad
duş
bruserforhæng
duş perdesi
skumbad
köpük banyosu
badekar
küvet
glas
bardak
vaskemaskine
çamaşır makinesi
vandhane
musluk
fliser
fayans
tissepotte
lazımlık
køkkenvask
evye

toilet

tuvalet

hugsiddende toilet

alaturka tuvalet

bidet

bide

pissoir

pisuvar

toiletpapir

tuvalet kağıdı

toiletbørste

tuvalet fırçası

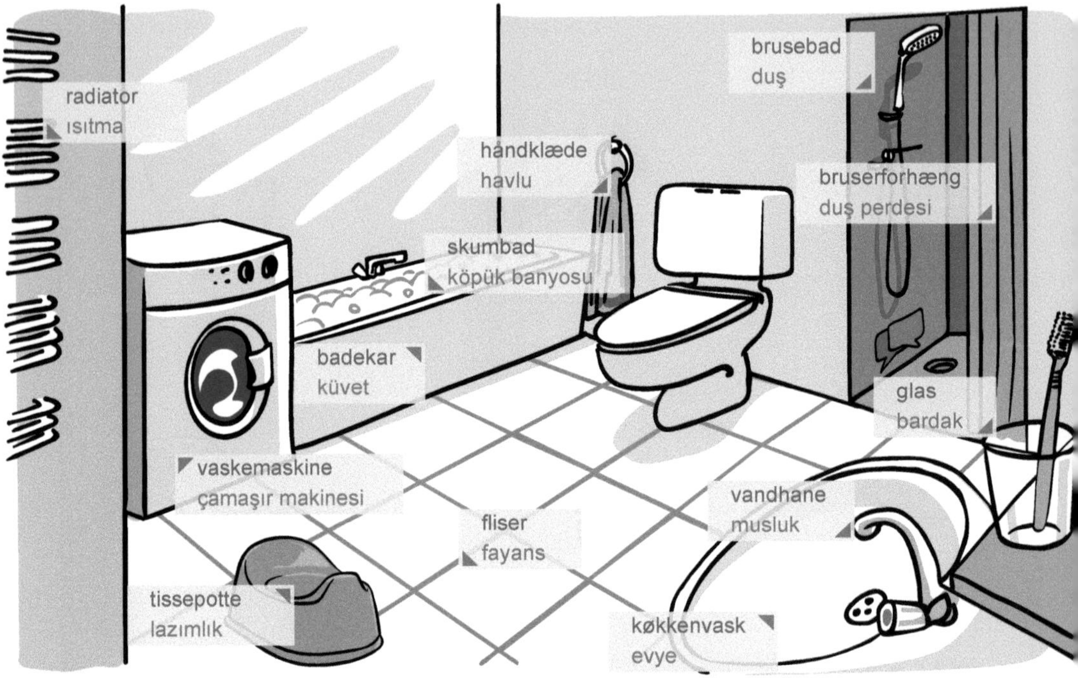

tandbørste

diş fırçası

tandpasta

diş macunu

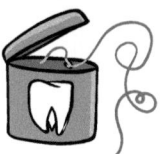

tandtråd

diş ipi

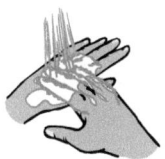

vaske

yıkamak

håndbruser

duş başlığı

intimbruser

duş başlığı şeklinde taharet musluğu

vaskefad

küvet

badebørste

banyo fırçası

sæbe

sabun

brusegele

duş jeli

shampoo

şampuan

vaskeklud

banyo lifi

afløb

gider

creme

krem

deodorant

deodorant

spejl
ayna

kosmetikspejl
el aynası

barberhøvl
jilet

barberskum
tıraş köpüğü

barbervand
tıraş losyonu

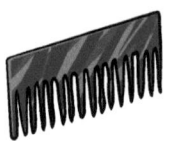

kam
tarak

børste
fırça

hårtørrer
saç kurutma makinesi

hårspray
saç spreyi

makeup
makyaj

læbestift
ruj

neglelak
tırnak cilası

vat
pamuk

neglesaks
tırnak makası

parfume
parfüm

toilettaske

makyaj çantası

skammel

tabure

vægt

tartı

badekåbe

bornoz

gummihandsker

lastik eldiven

tampon

tampon

damebind

kadın pedi

kemisk toilet

kimyevi tuvalet

børneværelse

çocuk odası

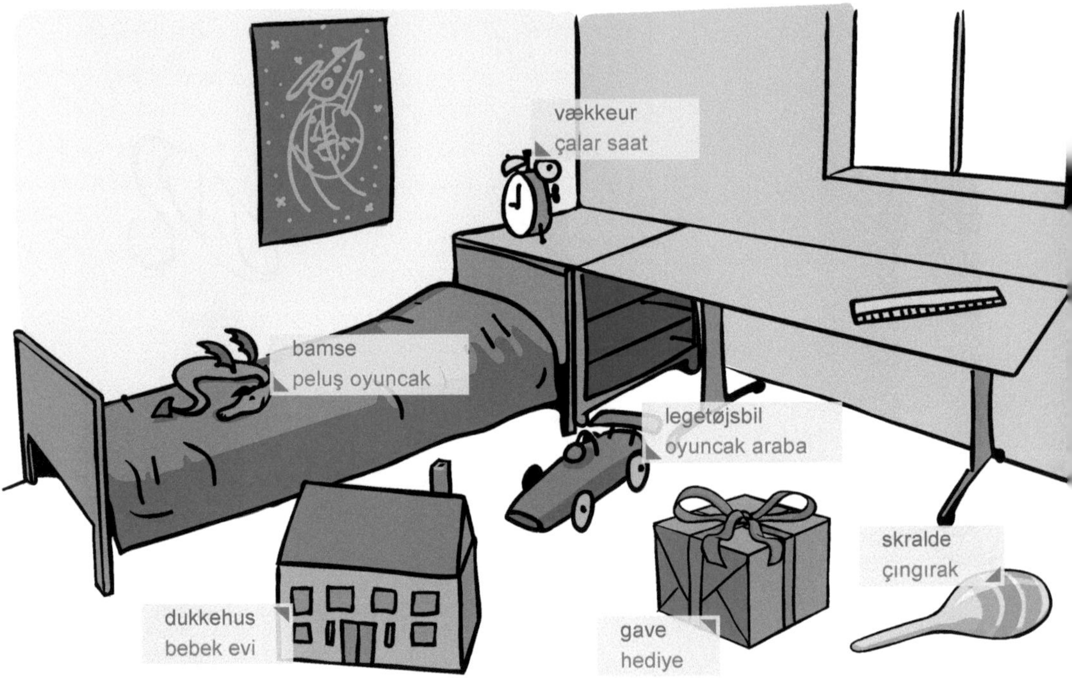

vækkeur
çalar saat
bamse
peluş oyuncak
legetøjsbil
oyuncak araba
skralde
çıngırak
dukkehus
bebek evi
gave
hediye

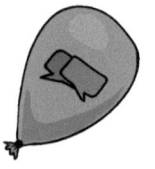

ballon

balon

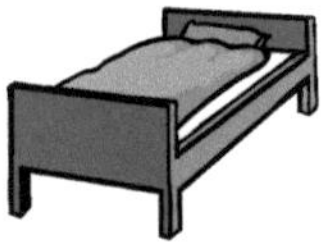

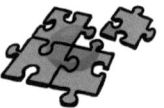

seng

yatak

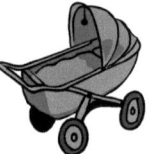

barnevogn

bebek arabası

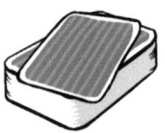

kortspil

kart destesi

puslespil

yapboz

SUPER
MEGA

tegneserie

çizgi roman

legoklodser

lego tuğlaları

byggeklodser

lego blokları

action figur

aksiyon figürü

sparkedragt

zıbın

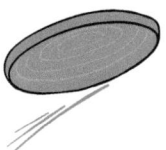

frisbee

frizbi

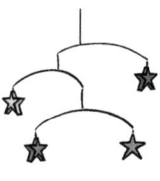

uro

dönence

brætspil

masa oyunu

terning

zar

modeljernbane

model tren seti

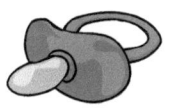

sut

emzik

fest

parti

billedbog

resimli kitap

bold

top

dukke

oyuncak bebek

lege

oynamak

sandkasse
kum havuzu

gynge
salıncak

legetøj
oyuncaklar

spillekonsol
video oyun konsolu

trehjulet cykel
üç tekerlekli bisiklet

bamse
oyuncak ayı

klædeskab
gardırop

tøj
kıyafet

sokker
çorap

strømper
külotlu çorap

strømpebukser
tayt

sjal
eşarp

paraply
şemsiye

T-shirt
tişört

bælte
kemer

støvler
bot

hjemmesko
terlik

sneakers
spor ayakkabı

sandaler
sandalet

sko
ayakkabı

gummistøvler
lastik çizme

underbukser
külot

BH
sütyen

undertrøje
yelek

tøj - kıyafet

body
dar bluz

bukser
pantolon

jeans
kot pantolon

nederdel
etek

bluse
bluz

skjorte
gömlek

pullover
kazak

sweatshirt
süveter

blazer
blazer

jakke
ceket

frakke
mont

regnfrakke
yağmurluk

kostume
kostüm

kjole
elbise

brudekjole
gelinlik

tøj - kıyafet

jakkesæt

takım elbise

nattrøje

gecelik

pyjamas

pijama

sari

sari

hovedtørklæde

baş örtüsü

turban

türban

burka

burka

kaftan

kaftan

abaya

çarşaf

badedragt

mayo

badebukser

erkek mayosu

korte bukser

şort

træningsdragt

eşofman

forklæde

önlük

handsker

eldiven

knap

düğme

briller

gözlük

armbånd

bilezik

kæde

kolye

ring

yüzük

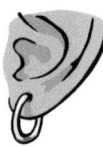

ørering

küpe

hue

kep

bøjle

portmanto

hat

şapka

slips

kravat

lynlås

fermuar

hjelm

kask

seler

pantolon askısı

skoleuniform

okul forması

uniform

üniforma

hagesmæk
mama önlüğü

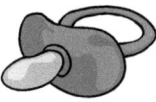

sut
emzik

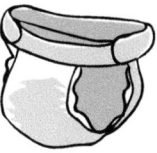

ble
bebek bezi

server
sunucu

arkivskab
dosya dolabı

printer
yazıcı

papir
kağıt

skærm
monitör

mus
fare

skrivebord
masa

mappe
klasör

tastatur
klavye

papirkurv
kağıt çöp kutusu

computer
bilgisayar

stol
sandalye

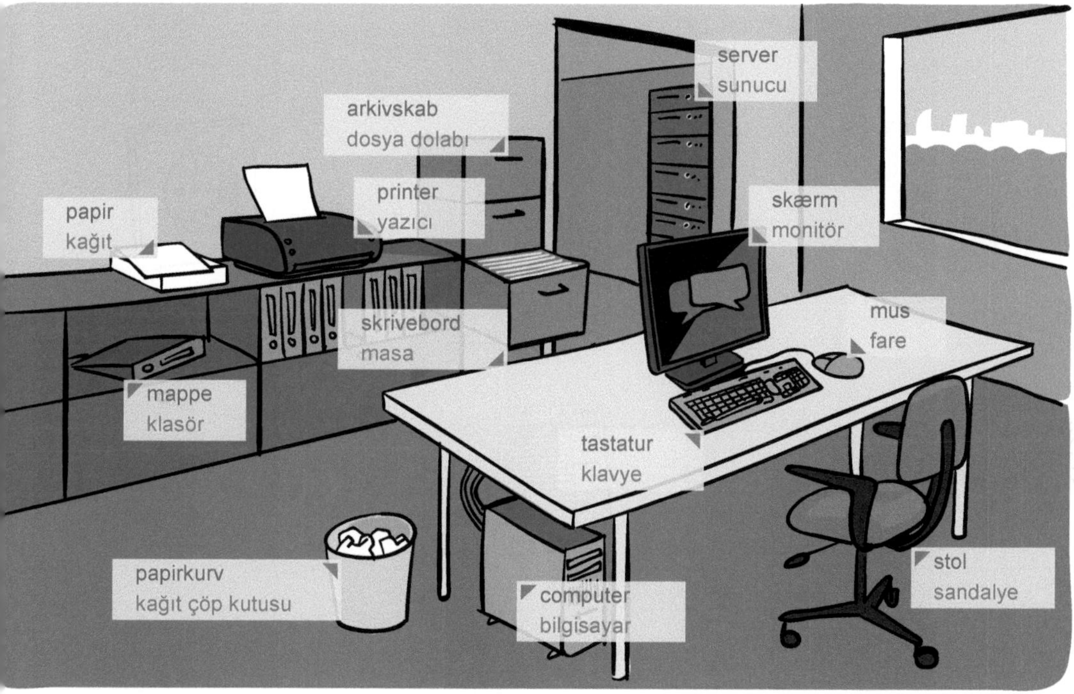

kaffekrus
kahve fincanı

lommeregner
hesap makinesi

internet
internet

kontor - ofis

49

bærbar

dizüstü

brev

mektup

besked

mesaj

mobil

cep telefonu

netværk

ağ

kopimaskine

fotokopi makinesi

software

yazılım

telefon

telefon

stikdåse

priz

fax

faks makinesi

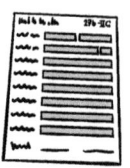

formular

form

dokument

belge

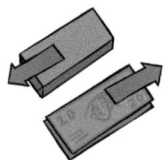

købe

satın almak

betale

ödemek

handle

ticaret yapmak

penge

para

 **USD**

dollar

dolar

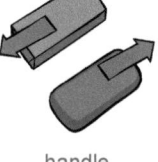 **EUR**

euro

avro

 **JPY**

yen

yen

 **RUB**

rubel

ruble

 **CHF**

schweizerfranc

İsviçre frangı

 **CNY**

renminbi yuan

Çin yuanı

 **INR**

rupee

rupi

hæveautomat

kasa

vekselkontor

döviz bürosu

guld

altın

sølv

gümüş

olie

petrol

energi

enerji

pris

fiyat

kontrakt

kontrat

skat

vergi

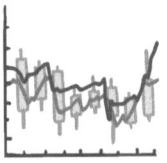

aktie

menkul değer

arbejde

çalışmak

ansat

işveren

arbejdsgiver

işçi

fabrik

fabrika

butik

mağaza

økonomi - ekonomi

erhverv
meslekler

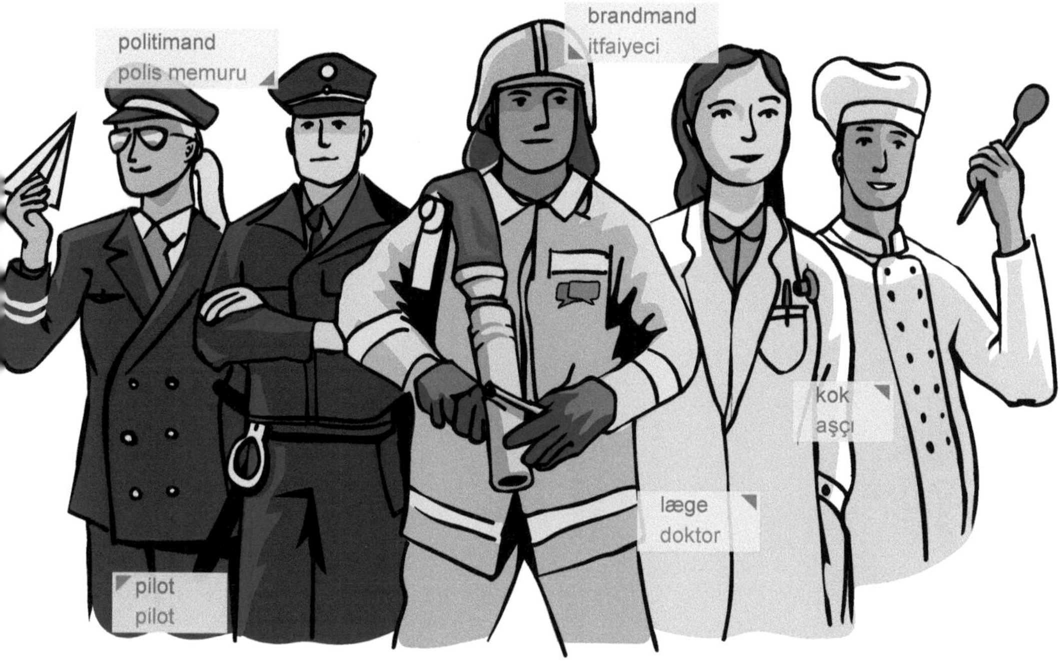
politimand
polis memuru
brandmand
itfaiyeci
kok
aşçı
læge
doktor
pilot
pilot

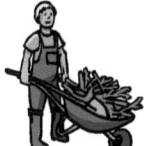

gartner

bahçıvan

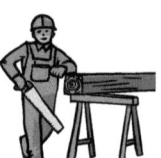

tømrer

marangoz

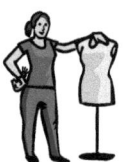

syerske

terzi

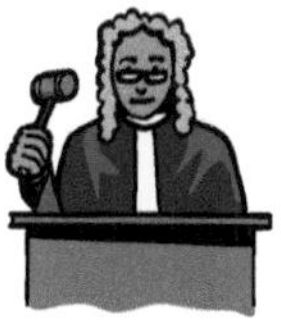

dommer

hakim

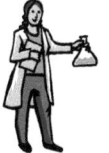

kemiker

kimyager

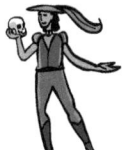

skuespiller

aktör

buschauffør

otobüs şoförü

taxachauffør

taksi şoförü

fisker

balıkçı

rengøringskone

temizlikçi

tagdækker

çatı ustası

tjener

garson

jæger

avcı

maler

boyacı

bager

fırıncı

elektriker

elektrikçi

bygningsarbejder

inşaatçı

ingeniør

mühendis

slagter

kasap

vvs-mand

muslukçu

postbud

postacı

soldat

asker

arkitekt

mimar

kasserer

kasiyer

blomsterhandler

çiçekçi

frisør

kuaför

togfører

kondüktör

mekaniker

tamirci

kaptajn

kaptan

tandlæge

dişçi

videnskabsmand

bilim insanı

rabbiner

haham

imam

imam

munk

keşiş

præst

rahip

værktøj

aletler

hammer
çekiç
tang
penseler
skruedrejer
tornavida
skruenøgle
İngiliz anahtarı
lommelygte
el feneri

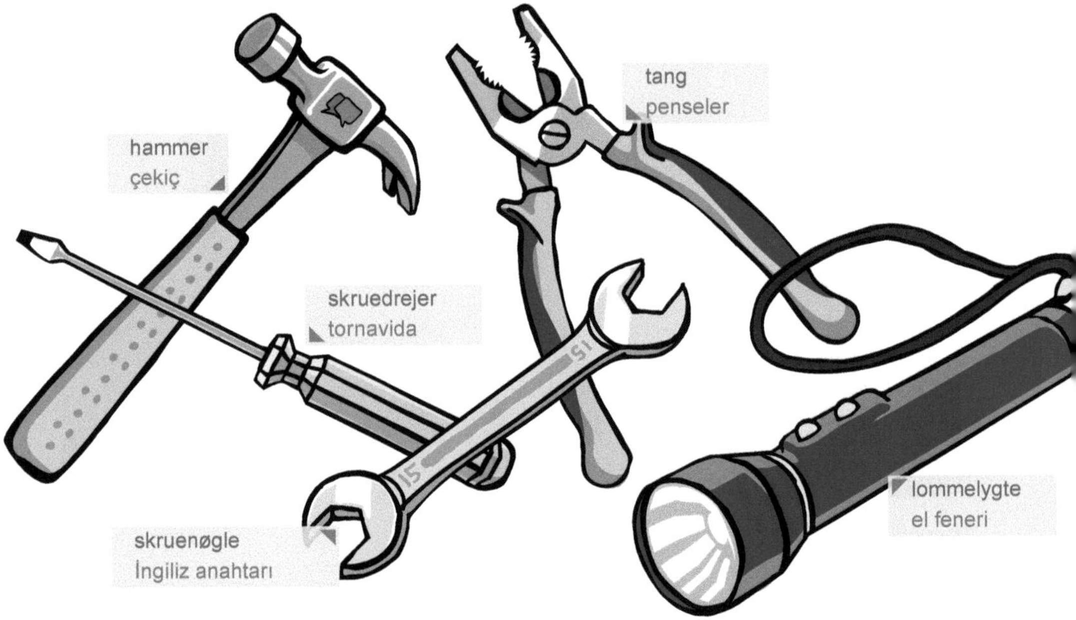

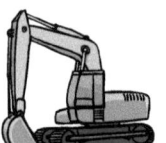

gravemaskine

kazı makinesi

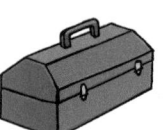

værktøjskasse

alet çantası

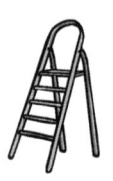

stige

merdiven

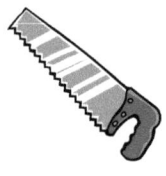

sav

testere

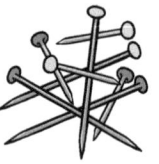

søm

çiviler

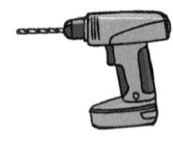

bor

matkap

reparere

tamir etmek

skovl

kürek

Lort!

Kahretsin!

fejebakke

faraş

malerspand

boya tenekesi

skruer

vidalar

musikinstrumenter
müzik enstrümanı

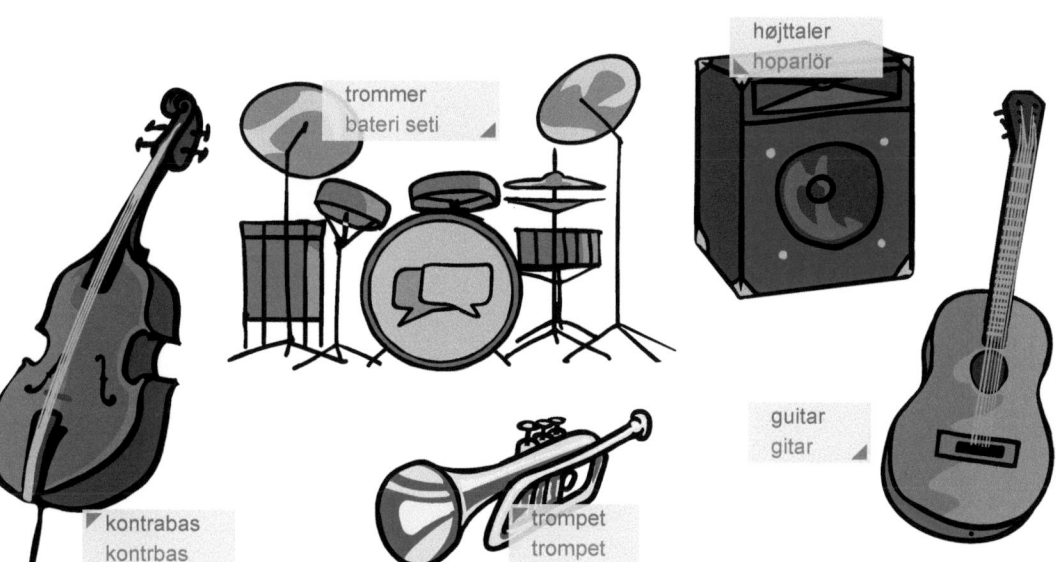

trommer
bateri seti

højttaler
hoparlör

guitar
gitar

kontrabas
kontrbas

trompet
trompet

klaver

piyano

violin

keman

bas

basgitar

pauke

timpani

tromme

bateri

keyboard

klavye

saxofon

saksafon

fløjte

flüt

mikrofon

mikrofon

indgang
giriş

tiger
kaplan

bur
kafes

zebra
zebra

dyrefoder
hayvan yemi

panda
panda

dyr

hayvanlar

elefant

fil

kænguru

kanguru

næsehorn

gergedan

gorilla

goril

bjørn

ayı

kamel
deve

struds
deve kuşu

løve
aslan

abe
maymun

flamingo
flamingo

papegøje
papağan

isbjørn
kutup ayısı

pingvin
penguen

haj
köpek balığı

påfugl
tavus kuşu

slange
yılan

krokodille
timsah

dyrepasser
hayvanat bahçesi görevlisi

sæl
fok

jaguar
jaguar

zoo - hayvanat bahçesi

pony
midilli atı

leopard
leopar

flodhest
su aygırı

giraf
zürafa

ørn
kartal

vildsvin
yaban domuzu

fisk
balık

skildpadde
kaplumbağa

hvalros
mors

ræv
tilki

gazelle
ceylan

amerikansk football
amerikan futbolu

cykling
bisiklete binme

tennis
tenis

basketball
basketbol

svømning
yüzme

boksning
boks

ishockey
buz hokeyi

fodbold
futbol

badminton
badminton

atletik
atletizm

håndbold
hentbol

skiløb
kayak

polo
polo

aktiviteter
etkinlikler

springe
atlamak
give et knus
sarılmak
grine
gülmek
gå
yürümek
synge
söylemek
drømme
hayal etmek
bede
dua etmek
kysse
öpmek

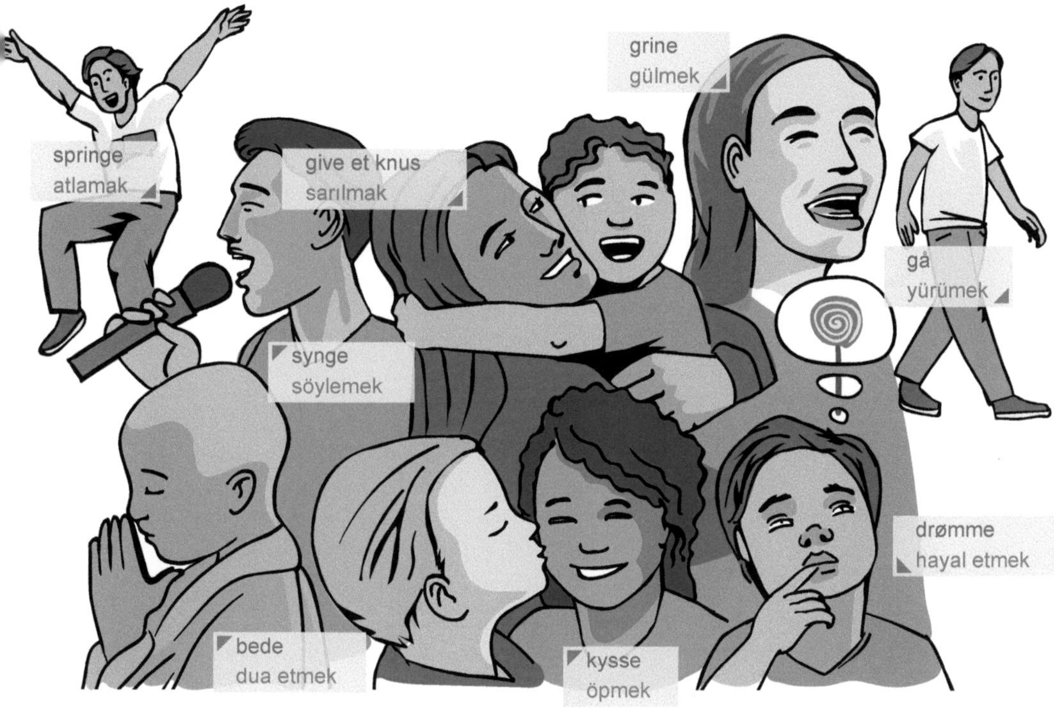

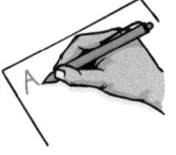

skrive
yazmak

tegne
çizmek

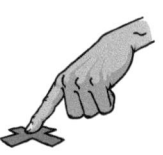

vise
göstermek

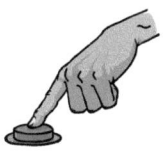

skubbe
itmek

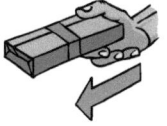

give
vermek

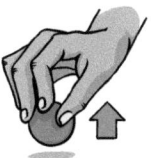

tage
almak

have

sahip olmak

gøre

yapmak

være

olmak

stå

ayakta durmak

løbe

koşmak

trække

çekmek

kaste

atmak

falde

düşmek

ligge

yalan söylemek

vente

beklemek

bære

taşımak

sidde

oturmak

tage på

giyinmek

sove

uyumak

vågne

uyanmak

se på
bakmak

græde
ağlamak

ae
vurmak

kæmme
taramak

tale
konuşmak

forstå
anlamak

spørge
sormak

høre
dinlemek

drikke
içmek

spise
yemek

rydde op
düzenlemek

elske
sevmek

koge
pişirmek

køre
sürmek

flyve
uçmak

sejle

denize açılmak

regne

hesapla

læse

okumak

lære

öğrenmek

arbejde

çalışmak

gifte sig med

evlenmek

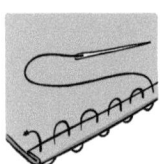

sy

dikmek

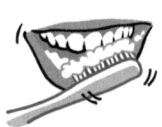

børste tænder

diş fırçalamak

dræbe

öldürmek

ryge

sigara içmek

sende

yollamak

bedstemor
büyükanne

bedstefar
büyükbaba

far
baba

mor
anne

baby
bebek

datter
kız

søn
oğul

gæst

misafir

tante

teyze

onkel

amca

bror

erkek kardeş

søster

kız kardeş

krop
vücut

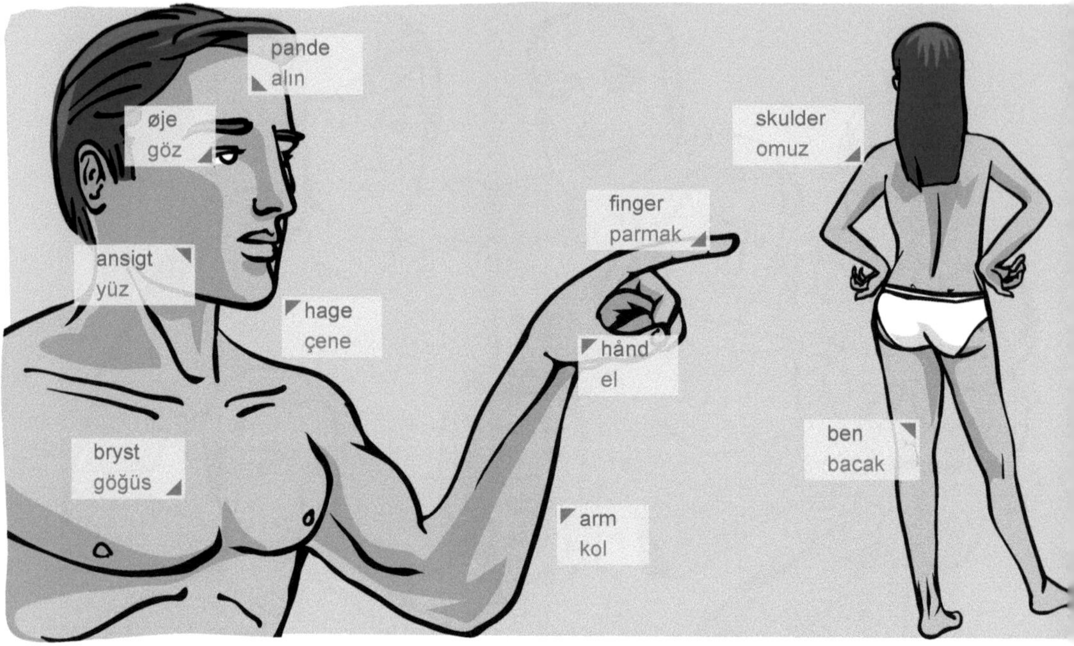

pande
alın

øje
göz

ansigt
yüz

hage
çene

bryst
göğüs

finger
parmak

hånd
el

arm
kol

skulder
omuz

ben
bacak

baby
bebek

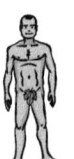

mand
adam

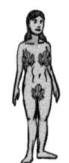

kvinde
kadın

pige
kız

dreng
erkek çocuk

hoved
baş

ryg

sırt

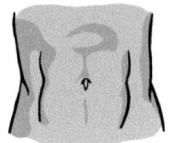

mave

karın

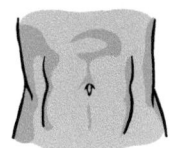

navle

göbek

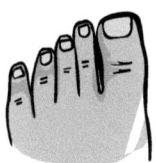

tå

ayak parmağı

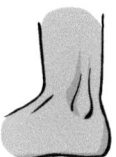

hæl

topuk

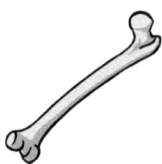

knogle

kemik

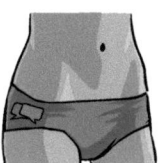

hofte

kalça

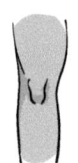

knæ

diz

albue

dirsek

næse

burun

bagdel

kalça

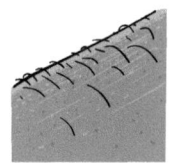

hud

deri

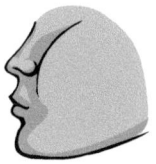

kind

yanak

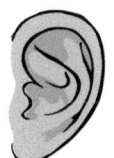

øre

kulak

læbe

dudak

mund

ağız

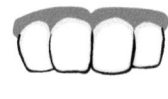

tand

diş

tunge

dil

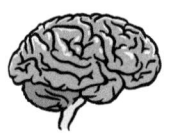

hjerne

beyin

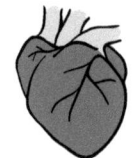

hjerte

kalp

muskel

kas

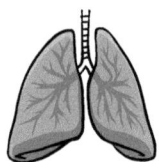

lunge

akciğer

lever

karaciğer

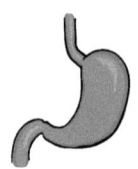

mavesæk

mide

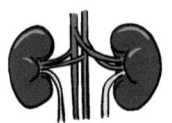

nyrer

böbrekler

sex

seks

kondom

prezervatif

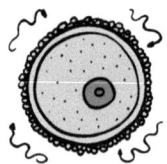

ægcelle

yumurtalık

sperm

sperm

svangerskab

hamilelik

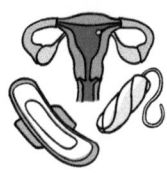

menstruation

regl

vagina

vajina

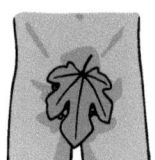

penis

penis

øjenbryn

kaş

hår

saç

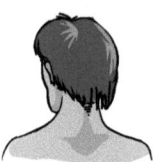

hals

boyun

krop - vücut

sygehus
hastane

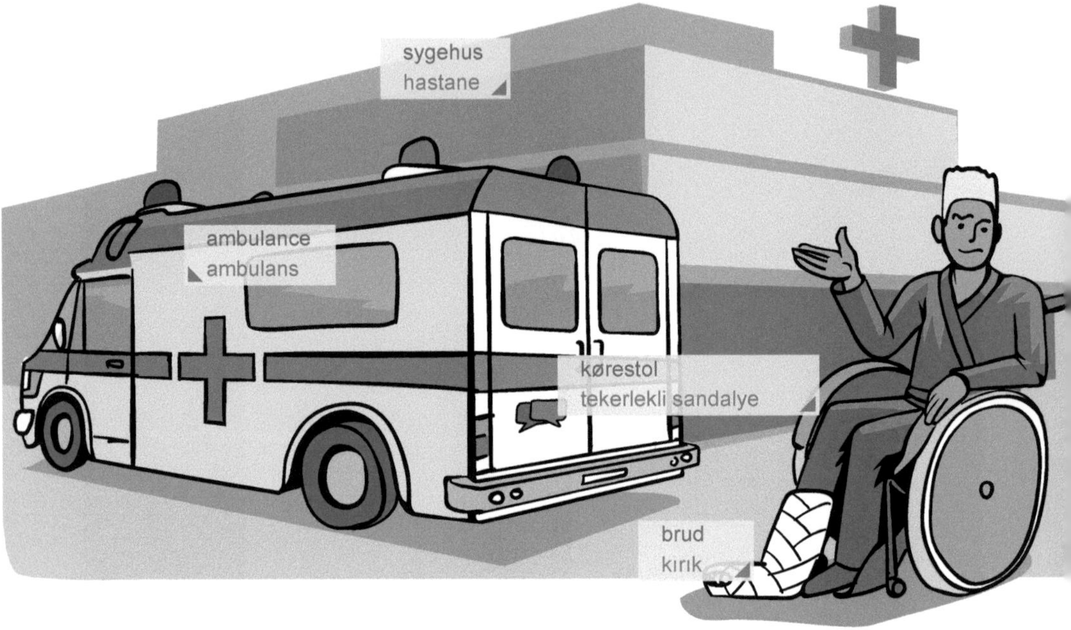

sygehus
hastane
ambulance
ambulans
kørestol
tekerlekli sandalye
brud
kırık

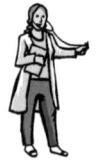

lægе
doktor

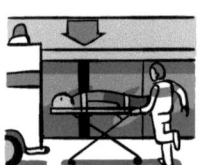

akutmodtagelse
acil servis

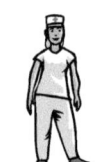

sygeplejerske
hemşire

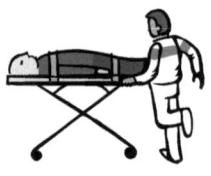

nødstilfælde
acil

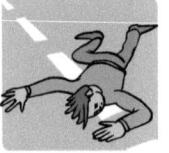

bevidstløs
baygın

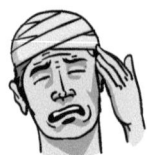

smerte
acı

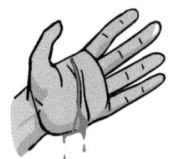

skade

yaralanma

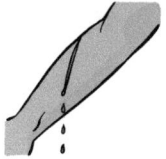

blødning

kanama

hjerteinfarkt

kalp krizi

slagtilfælde

felç

allergi

alerji

hoste

öksürük

feber

ateş

influenza

grip

diarré

ishal

hovedpine

baş ağrısı

kræft

kanser

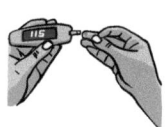

diabetes

şeker hastalığı

kirurg

cerrah

skalpel

neşter

operation

operasyon

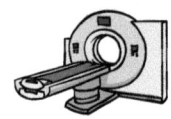 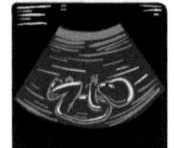

CT	røntgen	ultralyd
bilgisayarlı tomografi	röntgen	ultrason

maske	sygdom	venteværelse
yüz maskesi	hastalık	bekleme odası

krykke	plaster	forbinding
koltuk değneği	yara bandı	bandaj

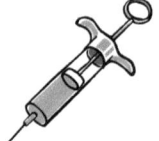 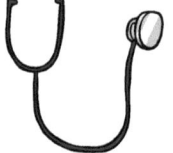 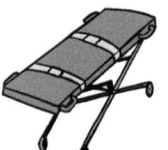

injektion	stetoskop	båre
enjeksiyon	steteskop	sedye

termometer	fødsel	overvægt
tıbbi termometre	doğum	fazla kilo

høreapparat

işitme cihazı

desinficerende middel

dezenfektan

infektion

enfeksiyon

virus

virüs

HIV / AIDS

HIV / AIDS

medicin

ilaç

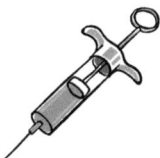

vaccination

aşı

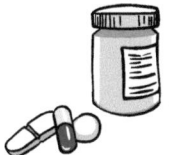

tabletter

tablet

pille

hap

nødopkald

acil çağrı

blodtryksmåler

tansiyon aleti

syg / rask

hasta / sağlıklı

alarm

alarm

overfald

darp

Hjælp!

İmdat!

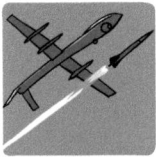

angreb

saldırı

fare

tehlike

nødudgang

acil çıkış

Det brænder!

Yangın!

ildslukker

yangın tüpü

uheld

kaza

førstehjælps-kuffert

ilk yardım çantası

SOS

imdat

politi

polis

Europa

Avrupa

Nordamerika

Kuzey Amerika

Sydamerika

Güney amerika

Afrika

Afrika

Asien

Asya

Australien

Avustralya

Atlanterhavet

Atlantik

Stillehavet

Pasifik

Indiske Ocean

Hint Okyanusu

Sydlige Ishav

Antarktika Okyanusu

Ishav

Arktik Okyanusu

Nordpol

Kuzey Kutbu

Sydpol

Güney Kutbu

Antarktis

Antarktika

Jorden

dünya

land

kara

hav

deniz

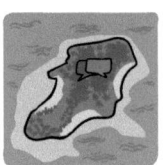

ø

ada

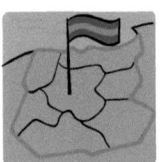

nation

ulus

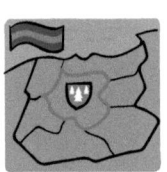

stat

ülke

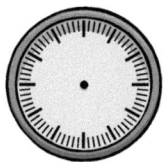

urskive

kadran

timeviser

akrep

minutviser

yelkovan

sekundviser

saniye ibresi

Hvad er klokken?

Saat kaç?

dag

gün

tid

zaman

nu

şimdi

digitalur

dijital saat

minut

dakika

time

saat

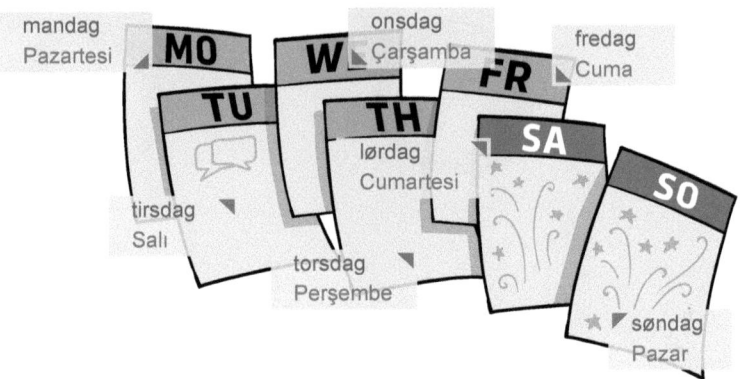

mandag
Pazartesi

onsdag
Çarşamba

fredag
Cuma

MO W FR

TU TH SA

lørdag
Cumartesi

tirsdag
Salı

torsdag
Perşembe

SO

søndag
Pazar

i går

dün

i dag

bugün

i morgen

yarın

morgen

sabah

middag

öğle

aften

akşam

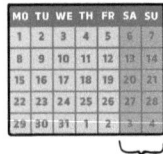

arbejdsdage

iş günleri

weekend

hafta sonu

år
yıl

regn
yağmur
regnbue
gökkuşağı
sne
kara
vind
rüzgar
forår
bahar
efterår
sonbahar
sommer
yaz
vinter
kış

4.APRIL 11°
5.APRIL 4°
6.APRIL 13°
7.APRIL 8°
8.APRIL 10°

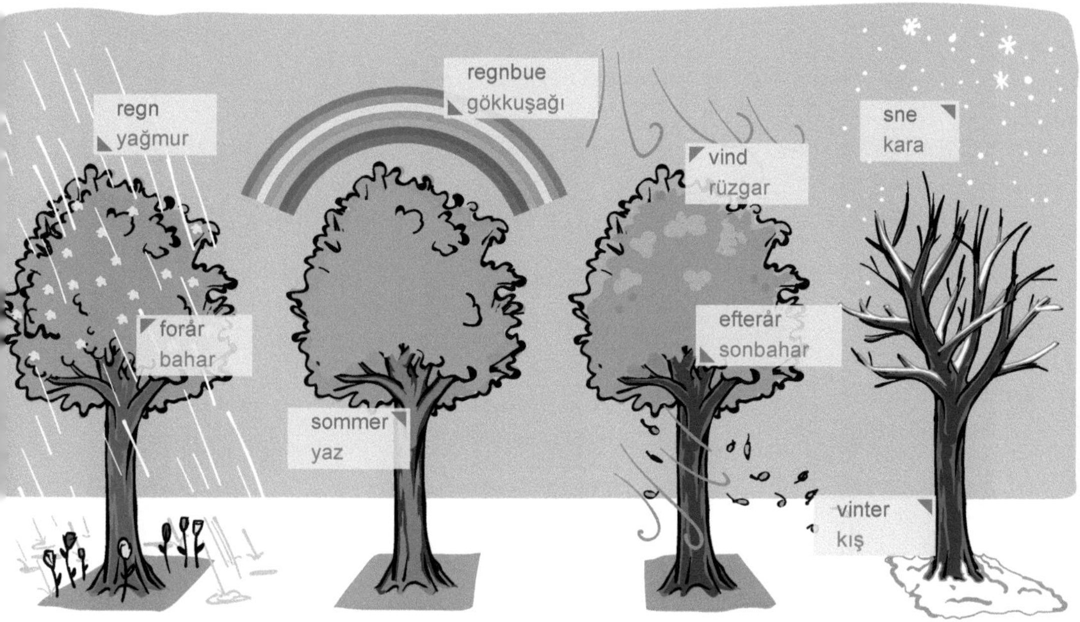

vejrudsigt

hava durumu tahmini

F C
120 40
90 30
60 20
30 10
0 0
-30 -10
-20

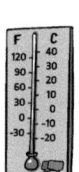

termometer

termometre

solskin

güneş ışığı

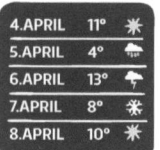

sky

bulut

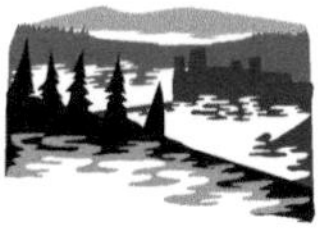

tåge

sis

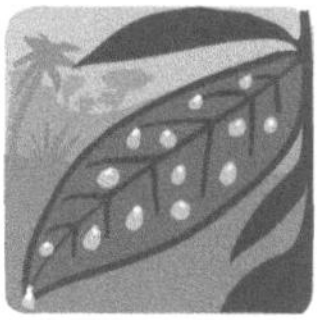

luftfugtighed

nem

lyn

şimşek

torden

gök gürültüsü

storm

fırtına

hagl

dolu

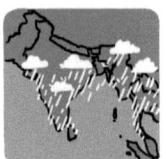

monsun

muson

flod

sel

is

buz

januar

Ocak

februar

Şubat

marts

Mart

april

Nisan

maj

Mayıs

juni

Haziran

juli

Temmuz

august

Ağustos

år - yıl

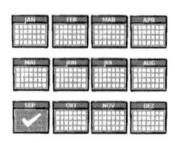

september
....
Eylül

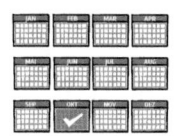

oktober
....
Ekim

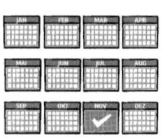

november
....
Kasım

december
....
Aralık

cirkel
....
daire

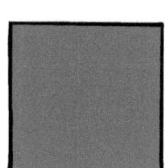

kvadrat
....
kare

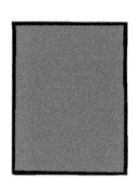

firkant
....
dikdörtgen

trekant
....
üçgen

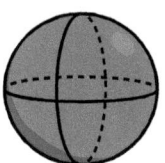

kugle
....
küre

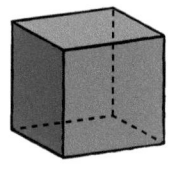

terning
....
küp

hvid
....
beyaz

gul
....
sarı

orange
....
turuncu

pink
....
pembe

rød
....
kırmızı

lilla
....
mor

blå
....
mavi

grøn
....
yeşil

brun
....
kahverengi

grå
....
gri

sort
....
siyah

meget / lidt

çok / az

rasende / fredelig

kızgın / sakin

smuk / grim

güzel / çirkin

begyndelse / slut

başlangıç / son

stor / lille

büyük / küçük

lys / mørk

parlak / karanlık

bror / søster

erkek kardeş / kız kardeş

ren / snavset

temiz / kirli

fuldkommen / ufuldkommen

tamam / eksik

dag / nat

gün / gece

død / levende

ölü / canlı

bred / smal

geniş / dar

spiselig / uspiselig

yenilebilir / yenilemez

vred / venlig

kötü / iyi

ophidset / kedet

heyecanlı / sıkılmış

tyk / tynd

şişman / zayıf

først / sidst

ilk / son

ven / fjende

dost / düşman

fuld / tom

dolu / boş

hård / blød

sert / yumuşak

tung / let

ağır / hafif

sult / tørst

açlık / susuzluk

syg / rask

hasta / sağlıklı

illegal / legal

yasa dışı / yasal

intelligent / dum

zeki / aptal

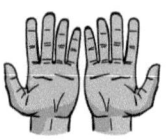

venstre / højre

sol / sağ

nær / fjern

yakın / uzak

ny / brugt
yeni / kullanılmış

intet / noget
hiçbir şey / bir şey

gammel / ung
yaşlı / genç

tændt / slukket
açma / kapama

åben / lukket
açık / kapalı

stille / højt
sessiz / gürültülü

rig / fattig
zengin / fakir

rigtig / forkert
doğru / yanlış

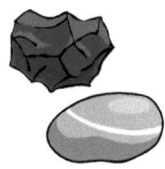

ru / glat
pürüzlü / düz

ked af det / lykkelig
üzgün / mutlu

kort / lang
kısa / uzun

langsom / hurtig
yavaş / hızlı

våd / tør
ıslak / kuru

varm / kold
sıcak / serin

krig / fred
savaş / barış

0

nul

sıfır

1

en

bir

2

to

iki

3

tre

üç

4

fire

dört

5

fem

beş

6

seks

altı

7

syv

yedi

8

otte

sekiz

9

ni

dokuz

10

ti

on

11

elleve

on bir

12
tolv

on iki

13
tretten

on üç

14
fjorten

on dört

15
femten

on beş

16
seksten

on altı

17
sytten

on yedi

18
atten

on sekiz

19
nitten

on dokuz

20
tyve

yirmi

100
hundrede

yüz

1.000
tusinde

bin

1.000.000
million

milyon

engelsk

İngilizce

amerikansk engelsk

Amerikan İngilizcesi

kinesisk mandarin

Çince (Mandarin)

hindi

Hintçe

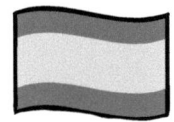

spansk

İspanyolca

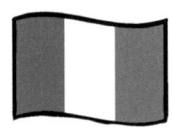

fransk

Fransızca

arabisk

Arapça

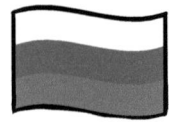

russisk

Rusça

portugisisk

Portekizce

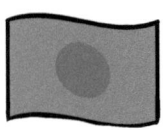

bengalsk

Bengalce

tysk

Almanca

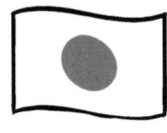

japansk

Japonca

jeg

ben

du

sen

han / hun / den / det

o

vi

biz

I

siz

de

onlar

hvem?

kim?

hvad?

ne?

hvordan?

nasıl?

hvor?

nerede?

hvornår?

ne zaman?

navn

isim

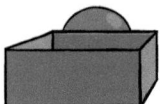

bag

arkasında

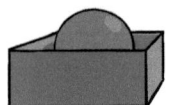

i

içinde

foran

önünde

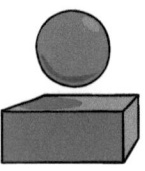

over

üzerinde

på

üstünde

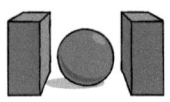

under

altında

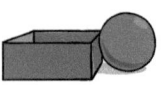

ved siden af

yanında

imellem

arasında

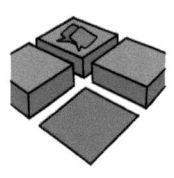

sted

yer